THE ART OF
ASSASSIN'S CREED
VALHALLA

THE ART OF
ASSASSIN'S CREED
VALHALLA

어쌔신 크리드 발할라
게임 아트북

머리말

라파엘 라코스테

PRESIDENT AND PUBLISHER // **MIKE RICHARDSON**

EDITOR // **IAN TUCKER**

ASSOCIATE EDITOR // **BRETT ISRAEL**

DESIGNER // **SARAH TERRY**

DIGITAL ART TECHNICIAN // **ALLYSON HALLER**

THE ART OF ASSASIN'S CREED VALHALLA

쌔신 크리드 발할라 게임 아트북

1쇄 펴냄 2021년 2월 4일

펴낸이 유비소프트

옮긴이 김민성

펴낸이 하진석

펴낸곳 아르누보

주소 서울시 마포구 독막로3길 51

전화 02-518-3919

ISBN 979-11-91212-01-3 03680

마틴 데샹볼트
쪽 라파엘 라코스테
쪽 마틴 데샹볼트
쪽 라파엘 라코스테

목차

머리말

인간의 손이 닿지 않은 자연의 아름다움과 광활하고 웅장한 풍경을 보고 있자면 언제나 마음속에 신비한 느낌이 차오른다. 홀쩍 여행과 모험을 떠나고 싶은 기분과 함께 호기심이 고개를 든다.

〈어쎄신 크리드: 발할라〉에서는 시리즈 전작들보다 랜드마크나 인상적인 건축물이 많이 등장하지는 않지만 자연 경관만큼은 가장 다양하게 선보일 것이다. 눈 덮인 높은 봉우리부터 노르웨이의 깎아지른 듯한 피오르드 해안, 이스트 머시아의 수풀이 무성하고 완만한 구릉지대, 퍼즐우드를 관통하는 신비한 숲, 샤이롭샤이어의 건조한 언덕 그리고 이스트 앵글리아의 안개 덮인 습지까지…. 실로 기억에 길이 남을 만한 여정이 될 것이다.

우리는 본격적인 작업에 들어가기 전 영국과 덴마크, 노르웨이의 아름다운 로포텐 제도를 방문할 기회가 있었다. 이 현장 답사에서 남은 기억들과 사진들은 각종 일러스트레이션의 밑바탕이 되었다. 우리의 목표는 플레이어의 기억에 길이 남을 만한 순간을 만들고, 우리가 답사를 진행하면서 느꼈던 감상을 그대로 전달하며, 플레이어가 웅장한 여정을 즐길 수 있는 매력적인 오픈월드를 구현하는 것이었다.

아트 디렉터이자 비주얼 아티스트로서의 임무는 게임 속 세계의 전반적인 느낌을 만들어내는 것이라서 지나치게 세세한 요소에만 집착해서는 안 된다. 어쨌든 이 세계는 현실을 있는 그대로만 재현해내는 것이 아니기 때문이다. 우리의 목표는 플레이어에게 웅장한 느낌을 전달할 배경을 만드는 것이다. 그래서 순수한 해방감을 제공할 세계를 만들어내는 데 집중했으며, 지난 3년을

온전히 이 게임의 제작에 쏟으면서 플레이어가 가장 즐겁게 탐험할 수 있을 만한 세계를 만들어내고자 최선을 다했다.

　게임의 콘셉트를 잡던 극초기, 나는 〈어쌔신 크리드: 발할라〉의 세계 속에서 플레이어가 현재 자신의 위치를 파악하는 데 도움을 주고자 게임 속 다양한 생태계에 서로 극명하게 구분되는 분위기와 색상을 사용했다. 이 과정에서 각 지역에 고정적인 계절을 부여하자 게임의 시각적 방향성에도 상당한 영향을 미치게 되었다. 노르웨이와 노섬브리아는 얼어붙은 겨울을, 머시아는 생기 넘치는 가을을, 그리고 웨섹스는 수풀 무성한 여름을 배경으로 했다. 이 덕분에 플레이어는 각 지역으로부터 다양한 인상을 받으면서 새로운 지역을 발견할 때마다 흥미로운 변화를 느낄 수 있게 되었다.

　또한 고대에 버려진 웅장한 로마 건축물들과 9세기 당시에 막 지어진 듯한 수수한 건물들 간의 대비는 독특하고 수수께끼 같은 분위기를 자아낸다. 이러한 과거의 메아리는 곳곳에서 찾아볼 수 있어 플레이어의 게임 속 여정을 흥미롭게 유지해준다.

　이런 모험을 여러분께 내보일 수 있어 굉장히 기쁘다. 예술의 본질은 서로 나누는 것이기에 이 책을 통해 우리의 작업물을 선보일 기회가 주어졌다는 게 정

말 고맙다. 우리의 유능한 팀원들은 물론, 그 팀원들과 다 같이 성취해낸 결과물이 얼마나 자랑스러운지 모른다!

　내 좋은 친구이자 아티스트가 했던 말을 인용하면서 마무리하겠다.

　"세상을 창조하는 것은 결코 작은 일이 아니라 평생을 바칠 만한 일이다."

— 라파엘 라코스테, 2020년 6월 캐나다 몬트리올

1장

인물

에이보르

까마귀 클랜의 전사로 자라난 에이보르는 노르웨이를 떠나 잉글랜드를 침공하여 클랜의 보금자리가 될 훌륭한 정착지를 건설한다. 에이보르는 남녀 모든 성별로 플레이가 가능하며, 두 성별 모두 비슷한 개성과 동일한 복장 그리고 유사한 신체적 특징을 갖고 있다.

"〈어쌔신 크리드: 발할라〉는 어쌔신 크리드의 세계관 속에서 바이킹이 되어보는 경험을 전달하고자 디자인되었습니다." 시니어 아트 디렉터 라파엘 라코스테의 말이다. "에이보르의 인물 디자인은 분명한 방향성을 가지고 이루어졌습니다. 우리는 기존 암살자의 시각적 스타일과는 거리를 두면서 실감나는 바이킹 인물상을 만들어내고자 했습니다."

에이보르의 최종 디자인에서는 붉은 허리띠나 후드가 달린 망토 등 아주 미묘한 단서들에서 암살자라는 배경을 찾아볼 수 있다.

렘코 트루스트

김예림

렘코 트루스트

렘코 트루스트

위 김예림
8~9쪽 제프 심슨

"암살검은 에이보르의 형제인 시구르드가 압바스 칼리프 왕국으로의 여정으로부터 가져온 선물입니다. 그 디자인은 압바스 왕조의 아름다운 대장 기술의 영향을 받아온 것입니다."
—라파엘 라코스테

"커스터마이징은 이 게임에서 매우 중요한 요소이기 때문에 에이보르가 입을 다양한 복장을 디자인했습니다." 라코스테의 말이다. 각 복장은 특정한 역사적 시대나 다른 바이킹 세력에 뿌리를 두는 등 제각기 고유한 테마를 보여준다. 노르드 신화로부터 영감을 받아 제작된 복장도 있다.

여성 에이보르의 헤어스타일 구상

김예림

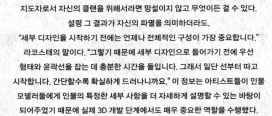

"에이보르는 노련한 전사이자 전략가이며, 고집스러울 정도로 독립적인 성격입니다." 콘셉트 아티스트 김예림의 말이다. "에이보르의 디자인 과정에서는 정말 다양한 대중 문화 자료들을 참조했는데, 작업 초기의 미팅 도중 크리에이티브 디렉터 아쉬라프가 1995년작 〈공각기동대〉에 등장했던 전차 전투 장면을 언급하면서 확실한 디자인 방향이 잡혔습니다." 에이보르는 진정한 지도자로서 자신의 클랜을 위해서라면 망설이지 않고 무엇이든 걸 수 있다. 설령 그 결과가 자신의 파멸을 의미하더라도.

"세부 디자인을 시작하기 전에는 언제나 전체적인 구성이 가장 중요합니다." 라코스테의 말이다. "그렇기 때문에 세부 디자인으로 들어가기 전에 우선 형태와 윤곽선을 잡는 데 충분한 시간을 들입니다. 그래서 일단 선부터 따고 시작합니다. 간단할수록 확실하게 드러나니까요." 이 정보는 아티스트들이 인물 모델러들에게 인물의 특정한 세부 사항을 더 자세하게 설명할 수 있는 바탕이 되어주었기 때문에 실제 3D 개발 단계에서도 매우 중요한 역할을 수행했다.

아래와 오른쪽 제프 심슨

"제프 심슨이 진행했던 에이보르의 초기 구상 중
이게 가장 마음에 들었습니다. 포즈, 카리스마
그리고 개성 등 인물의 모든 정수를 담아냈습니다."
— 라파엘 라코스테

양쪽 **김예림**

"김예림은 에이보르의 발키리 테마 복장 전체를
디자인해냈습니다." 라코스테가 말했다. 노르드 신화의
발키리들은 전장에서 용맹한 전사들을 골라 발할라로
데려가는 역할을 맡는다. "이런 날개 장식은 전장에서
죽을 전사를 고르던 발키리의 전통적인 역할을
잘 나타냅니다." 라코스테는 말을 이었다.
"신화 속 발키리는 여성의 모습을 하고 있지만 우리는
게임 속에서 고를 수 있도록 남녀 두 성별 모두에게
어울리는 복장으로 디자인하고 싶었습니다."

"문신과 헤어스타일은 남녀를 막론하고 에이보르에게 아주 중요한 꾸미기 요소입니다." 라코스테는 말했다. "'노르드인'이라는 메인 테마와 범주 내에서 자신의 주인공을 마음대로 꾸밀 수 있는 자유를 플레이어에게 제공하고 싶었습니다."

"거의 모든 복장에는 제각기 등급이 부여되어 있습니다. 위 복장은 왼쪽에서 오른쪽으로 갈수록 각각 '일반', '고급' 그리고 '전설' 등급을 나타냅니다."

"이건 '신화' 복장입니다. 플레이어에게 상당한 성취감을 안겨줄 수 있는 복장을 디자인하고자 많은 시간을 쏟았습니다." — 라파엘 라코스테

양쪽 김예림

사냥꾼 복장의 경우, 아티스트들은 다양한
커스터마이징 단계를 구상하며 사냥감의 전리품과
가죽 등으로 적절한 테마를 연출해냈다.

김예림

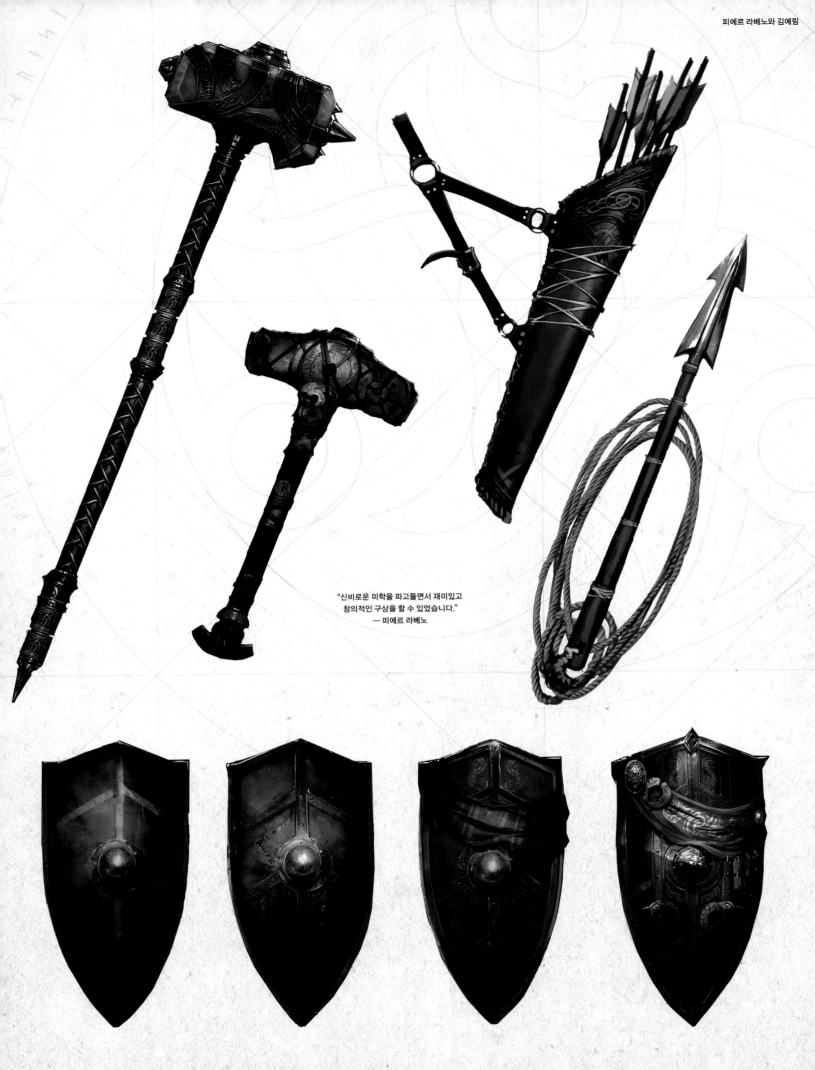

"신비로운 미학을 파고들면서 재미있고
창의적인 구상을 할 수 있었습니다."
— 피에르 라베노

이 폭장의 한란적인 아이디어는 친친한 기사를 만들어로자는
것이었기 때문에 실제 역사에서는 몇백 년 후에야 나타날 유형의
갑옷을 활용했습니다."
— 피에르 라베노

남성 에이보르 구상

제프 심슨

시구르드

시구르드는 스튀르비요른 하랄드손의 아들이자 에이보르의 의형제로, 교활한 야를(역주: 노르드의 족장)이자 무자비한 야심을 품은 전사로서 자신의 클랜을 이끌고 잉글랜드로의 출정을 개시한다.

"터키석 빛깔의 난색조를 띤 색상과 화려한 소품 그리고 무기를 더하여 시구르드의 고귀하고 자긍심 높은 성격을 강조했습니다." 콘셉트 아티스트 렘코 트루스트는 말했다.

란드비

"란드비는 클랜의 전략을 맡은 인물이자 시구르드의 아내 그리고 에이보르의 믿음직한 친구 겸 조언자입니다." 김예림의 말이다. "란드비는 이제 직접 원정에 나서지 않고 정착지의 작전실에서 클랜이 취해야 할 행동을 계획하는 데 대부분의 시간을 할애합니다. 또한 전략가인 란드비는 전사의 복장보다는 당대 여성들이 으레 입었을 만한 복식을 더 선호합니다."

김예림

발카

젊은 볼바(역주: 노르드의 무당) 발카는 자신의 능력을
갈고 닦으며 저승과 교류하는 데 인생을 바친다.
"무당은 정착지의 주민들과 신들 사이를 직접 연결해주는
중요한 인물입니다." 시니어 콘셉트 아티스트 피에르 라베노의
말이다. "그 점을 잘 드러내는 복장을 원했습니다. 또한 발카는
남몰래 스타일에 상당히 신경 쓰는 성격이기도 합니다."

쿄트베

부유한 쿄트베는 노르웨이에서 까마귀 클랜의
숙적인 울핑 클랜을 이끄는 족장이다. 이 위엄찬
거한은 몇 년 전에 까마귀 클랜에 쳐들어와서
에이보르의 아버지를 살해했다.

"쿄트베의 복장 디자인은 부유하고 거친
전사의 성격을 잘 드러냅니다." 김예림의
말이다.

김예림

이바르

이바르 라그나르손은 잉글랜드로 떠났던 이교도 대군세를 직접 이끌다가 에이보르의 클랜에 합류한 인물로, 곧 에이보르의 강력한 아군 중 한 명이 된다. 피에 굶주린 이바르는 끊임없이 스릴을 추구하는 열정적이고 충동적인 성격을 보여준다. 그는 당대 가장 위대한 (그리고 가장 정신나간) 바이킹 전사 중 한 명으로 묘사된다.

"이바르는 열정 넘치는 노년의 록스타에 폭력적인 사이코패스의 성격을 섞은 듯한 분위기를 풍깁니다." 김예림의 말이다. "그러면서도 어쩐지 호감이 가는 인물입니다."

김예림

바심

바심은 '감추어진 존재들' 형제단에 속한 시리아 출신
암살자다. 콘스탄티노플에서 시구르드와 노르드인들을
만난 바심과 그의 견습생 제자 하이담은 감추어진
존재들을 대표하여 북유럽의 고대 결사단을
제거하고자 시구르드 일행과 함께
노르웨이로 간다.

"아쉬라프는 바심의 복장과 옛 레반트 지역
암살자들의 로브에 동일한 배색을 사용하여
시각적 공통점을 주기를 바랐습니다." 라파엘
라코스테의 말이다. "여기에 가죽을 비롯한
튼튼한 재질의 복장을 추가하여 북부의 추운
기후에 더 어울리도록 만들었습니다.
이건 바심의 초기 구상입니다."

제프 심슨

하이담

하이담은 바심을 따르는 암살자 견습생이다.
감추어진 존재들의 대의에 스스로 몸 바친
하이담은 고대 결사단과 그들이 추구하는
경직되고 수직적인 세계관을 모두 혐오한다.
그래서 에이보르를 도와 잉글랜드에서
암약하던 고대 결사단을 찾아낸다.
하이담은 아직 견습생이라 멘토의
단계에 올라야만 주어지는
붉은 허리띠를 받지 못했다.

"하이담의 외모는 한눈에 알아볼 수 있도록 그늘진
부분을 줄여 단순하게 디자인하려고 했습니다."
— 렘코 트루스트

렘코 트루스트

알프레드 대왕은 근엄하고 단호한 인물로
허세라고는 전혀 찾아볼 수 없는 제왕적 면모를 보인다.
그의 손에 들린 십자가는 기독교적 신앙에 몸 바친
대왕의 헌신을 상징한다.

제프 심슨

"알프레드 대왕이 바이킹을 상대로 전쟁을 선포하고 있습니다." — 에디 베넌

에디 베넌

웨섹스의
알프레드 대왕

오형제 중 막내였던 알프레드 대왕은 그 누구도
왕위에 오를 거라고 예상하지 못했던 인물이다.
하지만 이 심계 깊은 자는 자신의 형제들이 모두
사망하면서 결국 웨섹스의 왕좌에 오르게 된다.
전략에 통달한 알프레드는 왕국을 안정적으로
장악하는 데 성공했으며, 색슨인이 세운
잉글랜드 최대의 요새에서 노르드인의
정복을 저지한다.

김예림

2장

노르웨이

아름답지만
가혹한 땅

"전작의 이집트와 고대 그리스에 이어, 이번에는 노르웨이가 플레이어들에게 새
로운 배경으로 다가옵니다." 라파엘 라코스테의 말이다. "이 세계에 생명을 불
어넣는 작업은 정말 신나는 일이었습니다. 우리는 사전 답사를 진행하면서 사
진도 많이 찍고, 음향도 녹음하고, 로포텐 제도로 직접 떠나 제작팀에 영감을
제공할 자료들을 많이 모았습니다. 이번 작품의 배경은 전작들에 비해 굉장히
담대합니다. 북쪽 땅의 풍경과 분위기 그리고 경치는 이전까지 선보였던 세계
와 너무나 다릅니다. 따라서 제작팀에게도 새로운 시각적 방향성을 실험할 만
한 좋은 기회가 되었습니다."

플레이어는 이 가혹한 땅에서 도전과 성취감을 모두 던져주는 여정을 진행
하며 고산지대와 피오르드, 숲, 바다, 야생 동물… 그리고 적들과 조우하게 된
다. 기후 역시 계속해서 변화한다. 어떤 지역에서는 눈보라에 휘말릴 수도 있다.
덕분에 게임 속 세계는 언제나 다르게 느껴지며, 그 경험은 시간의 변화에 따라
계속해서 변한다. 노르웨이는 마치 딴 세상에 온 듯한 웅장한 풍경을 제공하면
서 〈어쌔신 크리드: 발할라〉의 경험을 기억 속에 강렬하게 새겨준다.

32~35쪽 **마틴 데샴볼트**

노르웨이 피오르드의 흑백 스케치

마틴 데샹볼트

"아래 이미지에서는 노르웨이의 목조 교회 '호프'가 웅장한 노르웨이 피오르드의 자연 풍경과 아름답게 조화를 이룬 상징적 풍경을 만들어내고 싶었습니다."
— 라파엘 라코스테

위 **마틴 데샴볼트**   아래 **라파엘 라코스테**

"위의 두 이미지는 지난 몇 달간의 게임 제작 과정에서
얻은 스크린샷에 덧그린 것입니다." 질레스 벨로일의
말이다. "게임의 오프닝까지 이르는 경로를 더욱
흥미롭게 설계하자는 게 기본적인 골자였는데, 이 경로를
굉장히 직관적이면서도 멋있어 보이게 만드는 것이
중요했습니다. 그래서 이 배경 부분에는 특히 더 많은
노력을 쏟아야 했습니다."

"게임 속 배경을 흥미롭게 만들기 위해서 꼭 현실적일
필요는 없습니다." 라코스테의 말이다. "언제나 현실성과
창의성 사이에서 좋은 균형점을 찾아 플레이어들에게
최고의 순간을 제공하고, 호기심과 끊임없는 관심
그리고 재미를 자극하고자 많은 노력을 기울였습니다."

위 질레스 벨로일
아래 마틴 데샹볼트

"북방의 경치는 노르웨이의 밤에 아주 독특한 느낌을 더해줍니다. 현장 답사를 갔던 당시 아주 운이 좋게도 그 풍경을 직접 확인할 수 있었습니다. 기억에 길이 남을 뿐만 아니라 아주 감동적인 광경이었습니다."
— 라파엘 라코스테

"드라카르(역주: 바이킹 배)에 타고 노르웨이를 탐험하다 보면 아주 색다른 시야로 이 여정을 바라보게 됩니다." 라코스테의 말이다. 〈어쌔신 크리드: 발할라〉의 플레이어는 단순히 피오르드 위로 높이 솟은 산맥만 돌아다니는 게 아니라 선원들과 함께 바다와 강을 항해하여 다양한 장소로 원정을 떠날 수도 있다.

양쪽 **마틴 데샴볼트**

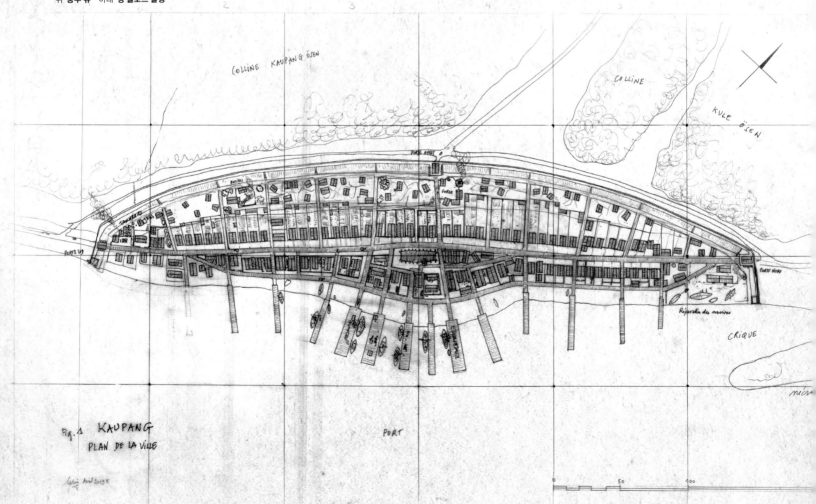

"장 클로드 골뱅은 전작 《어쌔신 크리드: 오리진》 제작에 참여했으며, 이번에도 우리와 함께하면서 자신의 역사적, 예술적 지식들을 공유해주었습니다. 위의 고대 바이킹 마을 '카우팡'의 지도도 골뱅의 작품으로, 당대 정착지와 마을의 모습에 대해 참고할 만한 자료가 되었습니다." — 라파엘 라코스테

"라파엘은 위 두 가지 덧그림 콘셉트가 원본보다 더욱 다채롭게 그려지기를 바랐습니다. 기온은 춥지만 따뜻한 분위기가 풍기도록 해야 했죠."
— 질레스 벨로일

이쪽 **질레스 벨로일**

노르드인

〈어쌔신 크리드: 발할라〉에서는 지금껏 〈어쌔신 크리드〉 시리즈의 전작들이 보여주지 않았던 다수의 세력이 등장 한다. "각자 고유하고 확실하게 구분되는 다양한 복장과 장비 스타일을 만드는 데 집중했습니다." 라코스테의 말이다. "노르드 세력의 콘 셉트를 만들기 위해 정말 많은 구 상을 했습니다. "

제작팀은 다양한 자료들로부터
역사적, 신화적 아이디어를 얻어
노르드 세력의 장비와 복장을
디자인했다.

양쪽 **제프 심슨**

"각 유형별로 당당한 윤곽선과 자세를 취하게 하여
플레이어와 즉각적인 유대감이 생기도록
만드는 것이 핵심이었습니다."
— 라파엘 라코스테

방패 여전사 유형 구상

이쪽 **제프 심슨**

"암흑 시대라는 배경을 분명하게
유지하면서 바이킹의 콘셉트를 구상해
보는 작업은 정말 재미있었습니다."
— 에벤 멜 아문센

녹대 몰이꾼 유형

살육자 유형

이쪽 에벤 멜 아문센

"아무리 단순한 버전의
바이킹에서도 여전히 '상남자'다운
분위기가 풍겨야 했습니다."
— 에벤 멜 아문센

무기

무기 제작의 목표는 플레이어에게 자신을 표현할 자유를 상당히 부여하면서도 당대의 잔혹한 시대상을 포착해내는 것이었다. "바이킹 침략이라는 역사적 배경 덕분에 노르드와 색슨의 전통과 신화 그리고 기술에 집중한 요소들을 조합한 각종 상징적인 디자인을 만들 수 있었습니다." 아트 디렉터 댄 요 충 얍의 말이다.

양쪽 호세 마리아,
로렌조 고모스, 테이 바르톨로메

3장
————————⟨∿∿⟩————————

바이킹
항해자

노르드인들은 선박 건조의
달인이다. 롱십(역주: 바이킹의
배)은 단순한 정착지 침략뿐만
아니라 장거리 무역 항해에도
사용되었다. 덕분에 바이킹은 온
세상 곳곳을 돌아다닐 수 있었다.
"이런 일러스트레이션을 통해
플레이어가 노르웨이에서
발견하게 될 아름답고 다양한
풍경들을 보여주고 싶었습니다."
라파엘 라코스테의 말이다.
"얼음 덮인 물과 웅장한
바위가 어우러져 만들어진
풍경을 그려내는 작업은 정말
흥미로웠습니다. 플레이어가
처음으로 발 딛게 될 땅에서
결코 잊을 수 없는 시각적 모습을
만들어내고자 했습니다."

양쪽 라파엘 라코스테

52~53쪽 동루 유

위 **나타샤 탄** 아래 **웨이 웨이**

"이 롱십은 노르드 신화의
저승, 헬하임으로부터
아이디어를 본따
만든 것입니다."
— 댄 요 충 압

이 함선 '얼어붙은 늑대'는
요툰하임의 얼음 덮인 땅에
산다는 신화적 야수를
본따 만든 것이다.

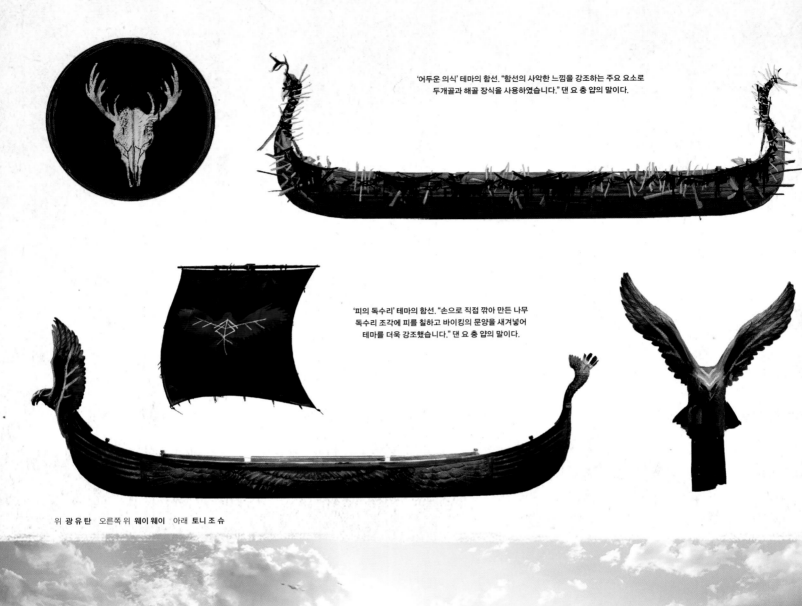

'어두운 의식' 테마의 함선. "함선의 사악한 느낌을 강조하는 주요 요소로 두개골과 해골 장식을 사용하였습니다." 댄 요 충 얍의 말이다.

'피의 독수리' 테마의 함선. "손으로 직접 깎아 만든 나무 독수리 조각에 피를 칠하고 바이킹의 문양을 새겨넣어 테마를 더욱 강조했습니다." 댄 요 충 얍의 말이다.

위 **광 유 탄** 오른쪽 위 **웨이 웨이** 아래 **토니 조 슈**

"헬하임'의 뱃머리에도
뼈 장식이 더 필요했습니다."
— 댄 요 충 압

이 뱃머리는 신화 속 니플헤임의
영역으로부터 아이디어를
얻어 만든 것이다.

4장

이스트 머시아와
정착지

레이븐소프

에이보르의 정착지 '레이븐소프'는 어쌔신 크리드 제작팀의 역사적 연구를 기반으로 플레이어들에게 실제 바이킹이 된 듯한 경험을 전달하고자 만들어졌다. 정착지를 확장하고 지켜내면서 그 주민들을 돌보는 것은 〈어쌔신 크리드: 발할라〉의 주요 목표다.

"정착지는 게임에서 중요한 입지를 차지하기 때문에 디자인에도 상당한 노력을 기울였습니다." 콘셉트 아티스트 질레스 벨로일은 말한다. "콘셉트 아트의 기본적인 골자는 단 하나의 이미지만으로 최대한 많은 정보를 제공해야 한다는 것이었습니다. 그래서 굉장한 고화질의 파일을 가지고 작업하면서 최대한 세부 묘사를 많이 살리려고 노력했습니다. 오른쪽의 이미지는 맨 처음 만들어진 것이며, 플레이어가 정착지를 전부 완성했을 때의 모습입니다. 왼쪽의 버전은 바로 그런 다음에 만들어졌죠. 그런 다음에 집의 내부 구조나 정면 모습처럼 비교적 정밀한 세부 묘사를 파고들 수 있었습니다. 각 집마다 특정한 테마가 부여되었는데 플레이어들이 바이킹의 정체성을 유지한 이런 테마를 한눈에 눈치챌 수 있도록, 또한 나머지 정착지의 분위기와도 시각적으로 조화되도록 만드는 것이 목표였습니다."

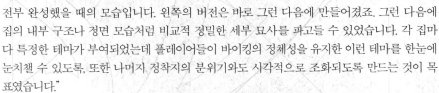

동루 유

동루 유

질레스 벨로일

위 질레스 벨로일 60~61쪽 동루 유

"정착지에서 갖가지 서비스를
제공한다는 점을 부각시키고자 다양한
가게들을 만들었습니다."
—동루 유

동루 유

질레스 벨로일

동루 유

동루 유

"플레이어에게 매번 다른 성취감을
제공하고자 제각기 독특한 소품들이
디자인되었습니다."
— 동루 유

동루 유

동루 유

질레스 벨로일

동루 유

"플레이어가 정착지에서 시간을 보내는 순간순간을 기억 속에 길이 남길 수 있도록 각 가게의 내부 구조도 세심하게 제작되었습니다." — 동루 유

문신 가게의 내부 구조

이쪽 동루 유

자연에 뒤덮인 폐허

"레이븐소프가 위치한 이스트 머시아는 잉글랜드의 심장부입니다." 라파엘 라코스테의 말이다. "아름답고 생명력 넘치는 가을 느낌의 숲이 특징이죠." 너도밤나무와 오래된 떡갈나무로 구성된 이 숲은 고대 로마의 구조물을 감싼 채 이 지역만의 독특한 개성을 자아내는 요소로 거듭난다.

위와 아래 **마틴 데샴볼트** 중간과 오른쪽 **라파엘 라코스테**

"잉글랜드 숲속의 신비한 고목들을 찾아 생명력을 부여하는 작업은 정말 재미있었습니다. 이 이미지에서는 신석기 시대의 의식 장소 근처에 랜드마크처럼 자라난 너도밤나무를 중심으로 게임 속 풍경을 흥미롭게 표현하고 싶었습니다." — 라파엘 라코스테

"이제는 잊혀버린 로마 제국의 흔적이 물 속에 잠긴 모습을 강조한 게임 이미지를 만들려고 했습니다." — 동루 유

"이 내부 구조에서는 따뜻한 느낌의 촛불 빛과 바깥에서 들어오는 푸른 빛을 대비시켜 에이보르와 주교의 대립을 나타내고자 했습니다." — 동루 유

양쪽 동루 유

링컨

로마 시대 당시 링컨의 지도로, 제작팀이 이 마을의 앵글로 색슨 버전을
게임 속에 만드는 데 참조 자료가 되었다.

PLAN DE RÉFÉRENCE 1
LA VILLE ROMAINE

양쪽 장 클로드 골뱅

머시아의 앵글로 색슨 마을

장 클로드 골뱅의 작업 덕분에 제작팀은 게임 속 앵글로 색슨 마을과 그 풍경을 사실적으로 창조해낼 수 있었다.
이런 풍경은 보통 주민들의 농업이나 목축 같은 활동을 기반으로 그려냈다.

링컨샤이어의 심장

위 이미지는 링컨샤이어의 주도(州都) 링컨시를 나타
내고자 만들어진 다수의 콘셉트 아트 중 하나다. "주변
의 풍경도 생각하면서 마을의 레벨 디자인은 물론, 로
마 시대의 폐허와 색슨인들의 집이 공존하는 모습까지
전부 고려해야 했습니다." 콘셉트 아티스트 동루 유의
말이다.

"맨 오른쪽의 이미지를 보면 한때 안뜰이었던 곳에
암살단의 근거지를 만든 걸 볼 수 있습니다." 질레스 벨
로일이 말했다. "로마 시대 세면장의 바닥에는 암살자
의 문양을 새겨두어서 플레이어가 이곳에 도착했을 때
곧바로 그 용도를 파악할 수 있도록 했습니다."

위와 왼쪽 아래 **동루 유**
오른쪽 아래 **질레스 벨로일**

"풍경과 배경, 각 지역에는 색채, 조명, 세부 묘사를 더하기 전에, 우선 그 구성이 다양하고 흥미로우며 기억에 길이 남을 만한지 확실하게 확인해야 했습니다. 그래서 첫 번째 버전들은 언제나 회색으로 작업했습니다."
— 라파엘 라코스테

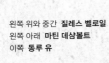

왼쪽 위와 중간 **질레스 벨로일**
왼쪽 아래 **마틴 데샴볼트**
이쪽 **동루 유**

"항구에는 깊은 시각적 심도를 더해주어야 했습니다. 그래서 상인과 배, 어망 그리고 바위 등을 추가하여 더욱 유기적이고 실감나는 장소를 만들어냈습니다. 또한 조명과 전반적인 분위기도 더욱 개선했습니다." — 질레스 벨로일

위 **질레스 벨로일**   아래 **동루 유**

룬덴

플레이어는 게임 속 룬덴을 처음 방문하면서 이 북적거리던 도시에 혼돈이 드리웠다는 걸 한눈에 감지할 수 있다. "다른 지역의 도시들이 광대하고 다채로운 배경을 보여주는 것과 달리, 룬덴은 채도가 확연히 낮고 덜 활발한 모습을 통해 이스트 앵글리아와 웨스트 머시아의 경계에 걸쳐 있다는 암담한 면을 있는 그대로 보여주고자 했습니다." 동루 유의 말이다.

"덧그림을 통해 나타낸 룬덴의 거리입니다. 천막과 음식 가판대 그리고 삼삼오오 모여 있는 사람들은 이 장소가 살아 숨쉬는 듯한 느낌을 더해줍니다." — 동루 유

이쪽 **동루 유**

"라파엘의 지시에 따라 작업한 게임 속 경치의 콘셉트 아트입니다." 질레스 벨로일이 말했다. "덕분에 플레이어가 잉글랜드를 하늘 위에서 보았을 때 느끼게 될 독특한 경험을 만드는 데 도움이 되었습니다." 아티스트들은 이 작업에 임하면서 분위기와 색채 그리고 나무와 시냇물의 위치 등을 세심하게 고려했다고 한다. "대부분의 경우 조명과 구름이 땅에 드리운 그림자를 이리저리 만져보면서 시각적 풍성함을 잘 나타내려 했습니다." 벨로일은 말을 이었다. "이렇게 극적인 분위기를 자아내려면 하늘이 꽤 어두워야 한다는 사실을 깨닫게 되었죠."

산적

"산적 세력을 만드는 데 겪었던 난관 중 하나는 이런 산적들도 나름대로 어엿한 세력인 걸 나타내야 한다는 점이었습니다." 아티스트 에벤 멜 아문센의 말이다.
"이 세력은 투지도 높지 않고 자원도 부족하다는 배경 덕분에 '동네북'이라는 성격 유형을 쉽게 만들 수 있었습니다."

다양한 산적 유형들. 맨 위 왼쪽으로부터 시계 방향으로 민병 둘, 악당, 방화광과 파괴자.
"악당 유형의 구상 작업은 꽤나 재미있었는데, 이들은 숲속과 관목림에서 갑자기 튀어나와 가차 없는 공격성을 보여줄 것입니다."
아문센의 말이다.

"위 이미지 세 개는 경치 작업물 중에서 뽑아낸 것입니다. 특히 조명 담당팀에게 상당한 도움이 되었다고 합니다." — 질레스 벨로일

크로우랜드

"링컨샤이어 지역을 배경으로 크
로우랜드를 만드는 작업은 개인적
으로 정말 즐거운 경험이었습니다."
동루 유의 말이다. "이곳은 로마 시대
이후의 모습을 완벽하게 보여주는
장소입니다." 고대 로마 교회는 이제
사방팔방으로 자라버린 식물들에
뒤덮인 채 신성하고 향수 어린 느낌
을 자아낸다.

왼쪽 질레스 벨로일
이쪽 동루 유

아래 이미지는 호수에 형성된 마을의 콘셉트 아트로, 수면 위로 건설된 수상 가옥에는 켈트 특유의 원뿔형 지붕이 얹혀 있다. 플레이어는 게임 속 켈트인의 지역과 늪지에서 이런 마을과 마주치게 된다.

5장

웨스트 머시아

"이 이미지는 잉글랜드의 광대한 풍경을 보여줍니다. 생동감 넘치는 식물들과 두텁게 낀 구름 위로 펼쳐진 푸른 하늘 그리고 강을 따라 풍성하게 자라나 있는 초목은 모두 이 장면의 구성에 핵심이 되어주는 요소들입니다."
— 동루 유

"웨스트 머시아의 풍경은 건조한 산악지대로 나타납니다. 웨섹스와 이스트 머시아에서 보았던 기름진 땅과 대비를 잘 보여주죠. 현지에서 볼 수 있는 브라흐(역주: 스코틀랜드 특유의 원형 탑)나 크라나크(역주: 켈트 문화권에서 나타나는 인공 섬) 등이 성과 마을 모드 켄트의 건조물을 본따 만들어졌으며 이 지역에 독특한 느낌을 더해주는 요소들입니다." — 카밀에 라크스테

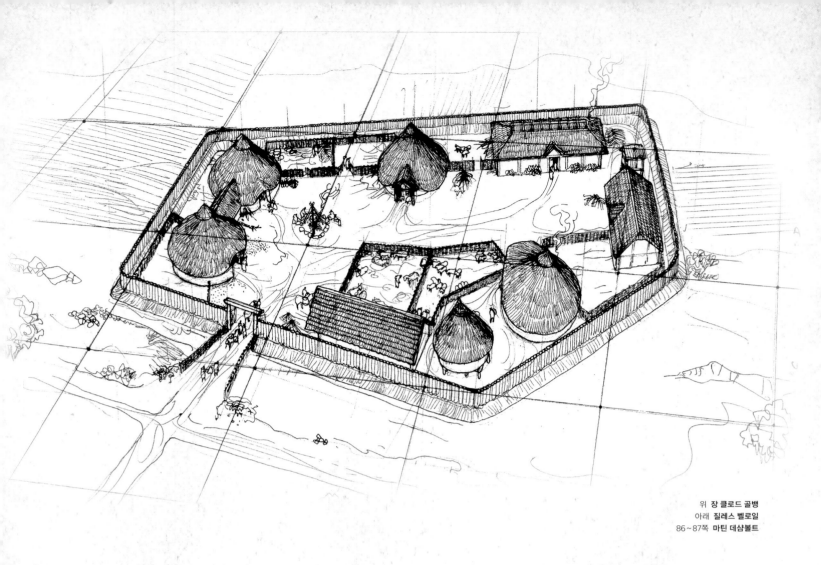

위 **장 클로드 골뱅**
아래 **질레스 벨로일**
86~87쪽 **마틴 데샴볼트**

켈트 고지대

"다양한 모습의 가옥들로 구성된 켈트 마을입니다. 전방에 주광을 고르게 주면서 그림자 활용에 크게 의지하지 않고 괜찮은 풍경을 그려냈습니다. 외양상 밝기 값의 범위는 제한되어 있는 대신 다채로운 색조를 활용했습니다. 여기서의 목표는 19세기 러시아 명화 풍으로 그려내는 것이어서 달성하기가 좀 어려웠는데, 애초에 라파엘이 참고 자료로 제시했던 게 바로 그런 스타일이기도 했습니다. 매우 재미있는 작업 방식이었습니다." — 질레스 벨로일

"암흑 시대에 지어진 건물들은 보통 단순한 나무 벽과 건초 지붕으로 구성되는데 그치는지라 미학적으로는 꽤나 심심한 느낌입니다. 다행히 대형 요새와 로마 시대 건물의 잔해 덕분에 보다 흥미로운 구성과 건물 그리고 수직적 구조를 게임 속에서 나타낼 수 있었습니다." — 라파엘 라코스테

양쪽 **마틴 데샴볼트**

위 **마틴 데샴볼트**
아래 **에벤 멜 아문센**

색슨인

"이 지역을 점거한 색슨인의 묘사 작업에서는 바이킹들과의 차별점을
두어야 한다는 난관에 봉착했습니다. 사실 역사적으로는 두 민족의
모습이 꽤나 비슷하거든요." 에벤 멜 아문센의 말이다. 아트팀은
현지 지역과 역사를 연구하여 다양한 투구와 방패 그리고
무장들을 구상해내면서 이 목표를 달성할 수 있었다.
"그래서 뚜렷이 차별화되는 스타일을 만들어내는
동시에 다양한 인물 유형을 나눌 수 있는
여지를 남기려 했습니다."
아문센은 말했다.

왼쪽은 병사 유형, 오른쪽은 농노 유형을 잘 보여준다.

"약탈자 유형은 외계인 '프레데터'의 디자인으로부터 영감을 얻어 만들어진 것입니다. 현대적인 비주얼 코드와 고대의 디자인을 합치는 작업은 꽤 재미있었습니다." — 피에르 라베노

피에르 라베노

"정예 전사 유형의 인물은 제가 이 프로젝트에서
맨 처음으로 임했던 작업 중 하나입니다.
꽤 뻣뻣해 보이죠! — 피에르 라베노

"이건 제가 맡은 작업 파트에서 가장 좋아하는
콘셉트 아트입니다. 최종 버전은 갑옷으로 완전
무장을 하고 있지만, 이 버전에서는 그대로 드러난
맨팔에서 야만성이 엿보여서 꽤 마음에 듭니다."
― 에벤 멜 아문센

에벤 멜 아문센

게임 속에서는 스톤헨지를 비롯한 수많은 거석 신앙 성소가 나타난다. 모두 토속 신앙이 깊숙이 자리 잡은 신비로운 장소들이다.

글라웨체스터샤이어

"웨스트 머시아의 글라웨체스터샤이어는 전통 토속 신앙과 신비로운 숲 그리고 켈트 의식으로 뒤덮인 땅입니다.
게임 속에서도 독특한 분위기를 자아내는 영역이죠." — 라파엘 라코스테

왼쪽 **마틴 데샴볼트** 위 **동루유** 아래 **라파엘 라코스테**

"실내 디자인에서 어려웠던 점은 갈색 톤이 너무 많이 깔렸다는 것이었는데, 이 시대의 유일한 조명이자 광원은 바로 자연적인 불뿐이었기 때문입니다. 그래서 창을 뚫어서 밖으로부터 실외광을 유도하는 경우가 잦았으며, 식물이나 물의 반사광을 추가하여 실내에 색채를 더하는 방식도 많이 사용했습니다." — 질레스 벨로일

그란에케스타 추수 감사제, 서웅이이 열리는 풍경의 콘셉트 아트

"글라웨체스터 항구의 풍경은 생동감과 색채가 넘칩니다. 배가 도착하는 소리, 어부들이 그날 잡은 생선을 파는 소리, 새들이 지저귀는 소리 그리고 항만의 일꾼들이 분주히 물건을 싣는 소리 등을 들을 수 있습니다." — 동루 유

폐허가 된 브라흐의 콘셉트 아트. 선사 시대에 지어진 이 원형 석탑은 플레이어가 게임 속에서 만날 수 있는 다양한 배경 중 하나다.

성 지하에서 찾을 수 있는 신비로운 지하실의 콘셉트 아트

이쪽 **질레스 벨로일**

"트레팔드윈 성이 보이는 고지대의 풍경입니다. 이 작품은 고전 명화들을 바탕으로 제작하여 붓질 자국을 눈에 띄게 놔두고 다양한 색채를 활용하는 데 집중했습니다." — 동루 유

동루 유

6장
〰〰〰
이스트 앵글리아

엘멘함

엘멘함은 이스트 앵글리아를 지배하는 색슨계 귀족 오스왈드의 고향으로, 색슨인과 데인인이 공존하며 살아가는 땅이다. "이 마을은 생기가 넘치고 건물들도 전부 멀쩡합니다. 전쟁으로 만신창이가 되어버린 이스트 머시아의 분위기와는 정반대죠." 댄 요 충 얍의 말이다.

이쪽과 오른쪽 위 **가브리엘 탠** 오른쪽 아래 **트래비스 추 지웨이** 106~107쪽 **마틴 데샹볼트**

색슨인과 바이킹의 결혼식.
두 문화권의 조화를 통해
즐거운 예식 분위기를 자아냈다.

습격

〈어쎄신 크리드: 발할라〉의 플레이어들은 바이킹 군세를 이끌고 적들의 요새를 공격하게 된다. 여기서는 이런 습격 활동에 대한 초기 구상을 볼 수 있다. 제작팀은 바다에서부터 상륙해 요새나 성을 향해 진행되는 공성전에 실감나는 느낌과 분위기를 부여하고자 최선을 다했다.

위 **제프 심슨**
아래 **가브리엘 탠**

자신이 밟고 선 성벽 아래서 벌어지는 전투를 바라보는 바이킹 족장의 모습.

바이킹 롱십이 잉글랜드 요새를 향해 돌진하고 있다. 배가 폭발물로 가득한 것을 보니 요란하게 정면 돌파를 하려는 모양이다.

바이킹들을 이끌고 버러성을 야습 중인 에이보르

화공선과 폭발물을 활용한 바이킹들의 대담한 돌파 시도로 인해 불에 탄 잔해만 남아버린 요새 성벽

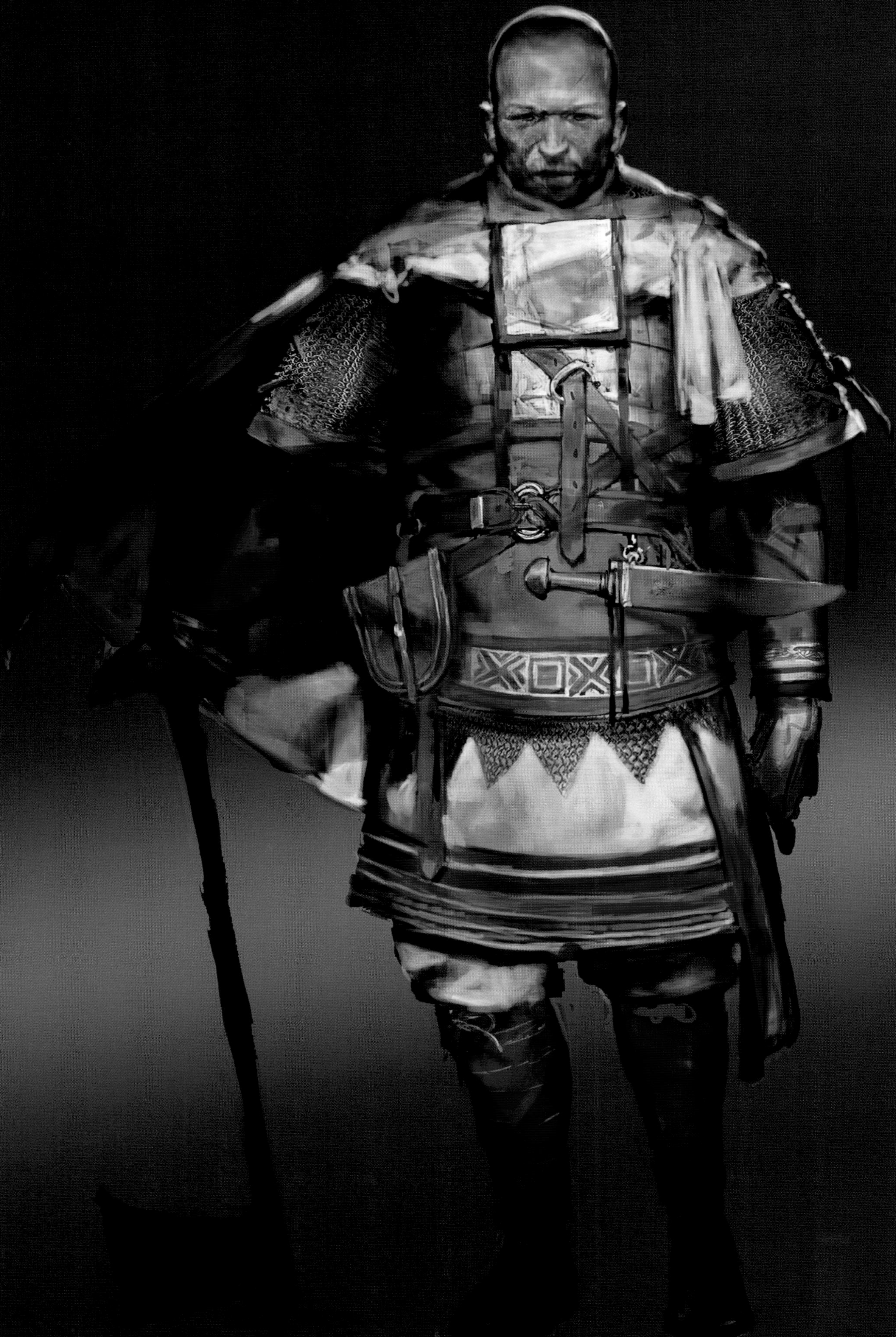

제프 심슨

팔라딘 풀케

영지주의 팔라딘이자 강력한 투사인 풀케는 자신이
믿는 참되고 초월적인 신에 대한 비밀스러운 지식을
찾아 헤맨다. 또한 자신이 믿는 신앙의 우월성을 증명
하고자 지금껏 온갖 기이하고 성스러운 유물들과 문서
들을 모아왔다. 바심과 시구르드는 룬 문자가 새겨진
신비한 돌을 찾아 신성한 비밀을 풀어내는 임무에
풀케가 도움이 될 것이라고 판단한다.
그래서 이단 혐의로 감옥에 갇혀 있던
풀케를 탈옥시키지만, 이후 여정을 함께
하면서 새로 끌어들인 아군에게 얽힌
진짜 모습을 발견하게 된다.
"풀케는 '주님은 오직 나만의 것'이라는
아집의 화신이나 다름없는 인물입니다."
피에르 라베노의 말이다. "광신도 그 자체죠!"

피에르 라베노

게임의 이정표 기능을 다룬 초기 구상 장면

해변에 상륙하는 바이킹의
극적인 묘사

위 마틴 데샹볼트
아래 가브리엘 탠

노스윅 시장의 콘셉트 아트. 즐거운 분위기가 만연한 지역이지만, 지평선 저 너머로부터 파멸이 다가오고 있다.

잠재적 게임 플레이 기능을 구상한 콘셉트 아트. 새 떼가 하늘에서 특정한 형태를 취하여 플레이어에게 특이한 지점을 가리키는 기능이다.

색슨 명사수 유형의 구상

색슨인 추가 유형별 콘셉트.
왼쪽부터 오른쪽으로 정예 전사(또는 허스칼),
귀족 그리고 궁수

왼쪽 **가브리엘 탠** 오른쪽 위 **렘코 트루스트** 오른쪽 아래 **에벤 멜 아문센**

노스윅

에이보르는 루에드의 클랜이 휩쓸고 간 노스윅에 도착하여 한때 색슨인과 데인인이 평화롭게 어우러져 살아가던 도시에 벌어진 참상을 발견한다. 이스트 앵글리아의 수도는 평평한 지형의 마을로, 옛 로마 해변 항의 흔적이 남아 있는 곳이다. 야레강에 건설된 이 마을은 사방이 습지대로 둘러싸여 있다.

양쪽 **트래비스 추 지웨이**

이 지역의 잠재력을 보여주는 빈곤한 어촌의 콘셉트 아트

이쪽 **가브리엘 탠** 오른쪽 위 **라파엘 라코스테**
오른쪽 중간과 아래 **마틴 데샹볼트**

"우리 아티스트들은 자치 턱 빛 느낌이 드 말한 평지와 초원 등의 배경도 근치의 구조물을 활용해 아주 풍성하게 꾸며놓았습니다 웅장하고 신비로운 모습의 석들은 각 지역별로 관심을 한 몸에 받는 중심지가 되어 신화적인

7장
⌇⌇⌇

웨섹스

전쟁에 휩싸인
목가적 분위기의 땅

"웨섹스는 알프레드 왕이 통치하는 부유하고 거대한 왕국이자 바이킹의 침략에 맞서는 최전선입니다." 콘셉트 아티스트 에디 베넌의 말이다. "여름 햇살 내리쬐는 평화로운 평원과 신비로운 숲 그리고 아름다운 마을과 농장이 참혹한 전쟁터와 대조를 이루는 땅이죠."

위 이그나트 코미토프
왼쪽 필립 바르바노프
124~125쪽 사빈 보이키노프

"요새 습격은 게임 속에서 가장 기억에 남을 만한 순간 중 하나입니다." 베넌의 말이다.
"우리의 목표는 정확한 고증과 사실성을 바탕으로 플레이어들을 이 웅장한 전투 속으로 끌어들이는 것이었습니다."

위 **사빈 보이키노프**　아래 **에디 베넌**

에이보르의 까마귀 시닌은 확실한 시야를 제공하며 적들이 포진한 위치를 정찰한다. "플레이어는 이 까마귀를 활용하여 〈어쌔신 크리드: 발할라〉의 아름다운 세계를 관찰할 수 있습니다." 베넌의 말이다.
"그래서 콘셉트 아트 면에서도 땅에서 보나 하늘에서 보나 한결 같은 모습의 세계를 만들어내는 것이 아주 중요했습니다."

"다채로운 색상이 놓지에는 작고 고귀한 마을들이 자리 잡고 있으며, 다듬어진 돌의 듬성듬성 배치된 바위들은 오래된 ㅅ들과 대비를 이룹니다. 모든 웨섹스 땅의 생생한 모습을 자아내는 요소들이죠."

문화의 조화

"웨섹스는 아름다운 자연을 갖췄을 뿐만 아니라, 서로 다른 과거와 현재의 문화가 기묘하게 조화되어 살아가는 땅이기도 합니다." 에디 베넌의 말이다. "또한 특별한 장소에서는 아주 놀라운 발견을 할 수도 있을 겁니다."

신비로운 치체스터 수도원은 고대 로마 수도교의 웅장한 폐허 위에 건설되어 있다. 이곳에는 난파선들의 잔해 아래 비밀스러운 동굴들과 보물들 그리고 전혀 예상치 못한 비밀 장소 등이 숨겨져 있다…

이쪽 **이그나트 코미토프**
오른쪽 **필립 바르바노프**

"안개 낀 숲은 이 음산한 장소에 얽힌 고대의 이야기를 속삭입니다. 이런 숲은 플레이어가 웨섹스에서 찾을 수 있는 특이한 풍경 중 하나입니다." — 에디 베넌

위와 오른쪽 아래 **이그나트 코미토프** 왼쪽 아래 **에디 베넌**

켄트 지역의 분위기를 구상한 콘셉트 아트. 아티스트들은 다양한 풍경 아트를 제작하여 현지의 조명과 날씨가 전반적인 색채와 분위기에 어떻게 영향을 미칠지 구상했다.

양쪽 샤빈 보이키노프

윈체스터

수백 시간에 걸친 콘셉트 아트 제작과 기술적 연구 작업들이 이루어진 후에야 게임 속 최종 버전을 구현할 수 있었다. "이건 윈체스터의 건축물 중 정점을 차지하는 올드 민스터 대성당을 디자인한 것입니다." 베넌의 말이다. "9세기 당시의 대성당들은 사실 꽤나 심심하게 생겼기 때문에, 보다 웅장하고 아름답게 만들면서도 어느 정도 현실성을 유지하는 걸 목표로 삼았습니다."

이쪽과 아래 **다이애나 칼루지나**
오른쪽 위 **필립 바르바노프**

루체스터

"루체스터의 거대한 석재 요새는 옛 로마 요새의 기반 위에
건설되었으며, 게임 속에서 가장 웅장한 전투가 벌어지는
배경입니다. 이것은 요새의 형태와 윤곽선을 만들어내기 위해
진행했던 수많은 흑백 스케치 중 하나입니다." — 에디 베넌

8장
⟨⟨⟨

노섬브리아

요르비크

노섬브리아의 수도 요르비크는 우즈강과 포스강이 교차하는 천혜의 위치에 자리 잡았다. 이 도시는 노르드인 정착자들에 의해 형성된 교역로를 통해 전 세계의 상인들과 상품들을 끌어모으고 있다.

댄 요 충 얍은 요르비크의 가장 특별한 특징을 설명한다. "이제는 옛 영광의 잔해만 남아버렸지만, 아드리아누스 성벽은 지금도 북방의 침략자들로부터 이 지역의 새로운 주인을 지켜주는 역할을 수행하고 있습니다."

양쪽 토니·조 슈
140~141쪽 라파엘 라코스테

도네캐스터

도네캐스터는 앵글로 색슨인이 로마 요새가 있던 자리에 세웠지만 결국 노르드인에게 점령당한 도시로, 노섬브리아와 머시아 사이의 전략적 요충지에 자리 잡고 있다. "이 요새는 할프단이 침략자들을 상대로 벌이는 군사 행동의 근거지입니다. 또한 그 성벽 안에서는 노르드인들의 마을이 성장하고 있습니다." 댄 요 충 얍의 말이다.

도네캐스터 시민의 구상

"가을은 조명팀이 맡은 작업의 하이라이트였습니다. 이 콘셉트 아트는 황금빛 가을로 물든 숲속으로 쏟아져 들어오는 햇빛을 잘 보여줍니다." — 동루 유

"셔우드 숲속 본거지에서 다음 공격을 계획 중인 산적들입니다." — 댄 요 충 압

위와 왼쪽 아래 동루 유   오른쪽 아래 나타샤 탄

선돌

제작팀은 다양한 선돌을 구상해보았다. 플레이어는 게임을 진행하면서 이 신비한 장소에 얽힌 퍼즐을 풀어야 한다. "이 작업에서 주어진 과제는 선돌을 다양한 위치에 배치하고, 또 각 지역에서 볼 수 있는 자연적 요소들을 통해 이 선돌이 사실 퍼즐이란 것을 알아볼 수 있는 흥미로운 방식을 구상하는 것이었습니다." 댄 요 충 압의 설명이다.

왼쪽 위 **마틴 데샴볼트**
오른쪽 위 **웨이 웨이**
아래 **가브리엘 탠**

"험준한 환경에 위치한 정착지 구상을 통해 노섬브리아의 자연미를 담아냈습니다." — 댄 요 충 얍

"노섬브리아 지역의 전반적인 분위기를 표현한 콘셉트 아트입니다. 탁 트인 풍경과 사들성의 그리고 겨울의 느낌이 살아 있지요." – 라파엘 라크스테

"퀘스트 진행 도중 바이킹의 명예로운 장례식이 거행되는 모습을 볼 수도 있습니다. 불 붙인 배에 고인을 뉘여 강으로 떠내려 보내는 방식이죠." — 댄 요 충 얍

위 테이 바르톨로메   아래 광 유 탄

"바이킹들이 축제를 벌이는 사이, 에이보르는 이 주정뱅이 무리 사이에 섞여 있는 목표물을 찾아내야 합니다." — 댄 요 충 압

"잉글랜드 동부 해안은 절벽부터 해안 동굴, 해안가, 습지대 그리고 늪까지 정말 다양한 해안선의 지형을 보여줍니다. 그래서 드라카르를 타고 진행하는 항해는 언제나 도전과 성취감으로 가득 차 있습니다." — 라파엘 라코스테

양쪽 마틴 데샴볼트

"게임 속 수많은 장소는 직접 습격할 수도 있고, 배를 타고 강이나 해안을 통해 접근할 수도 있습니다. 그래서 게임 속에서 실제 바이킹처럼 약탈할 수 있는 수많은 기회가 주어집니다!" — 라파엘 라코스테

9장
～～～

아메리카와 현재

빈란드의 발견,
아메리카

에이보르는 오랜 항해 끝에 바이킹들에게 알려지지도, 길들여지지도 않은 땅, 빈란드를 발견한다. 이곳에서 에이보르는 쿄트베 아들이자 자신의 아버지 자리를 이어받은 자, 고름을 추격해야 한다.

"이 콘셉트 아트는 험준하고 야생미 넘치는 산지로 뒤덮인 빈란드의 모습을 강조합니다." 댄 요 충 얍의 말이다.

광유탄
160~161쪽 **동루유**

"에이보르가 기나긴 항해 끝에 오랜만에 육지를 발견하는 모습입니다." ― 댄 요 충 얍

"바이킹은 아메리카 땅을 탐험하면서 이로쿼이 원주민들이 세운 정착지를 발견하게 됩니다." — 댄 요 충 압

아메리카 원주민

아티스트들은 역사가들과 협동하여 아메리카 토착 원주민들의 복장을 정확하면서도 미학적으로 그려냈다.

위 **동루 유**
아래 **김예림**

암살자의 근거지

현재 시점에서의 이야기는 암살자 슌 헤이스팅스, 레베카 크레인 그리고 레일라 핫산이 뉴잉글랜드에 위치한 오두막에서 함께 일하는 것으로 시작된다. "이 길쭉한 오두막은 굉장히 소박하며 가구도 최소한으로 배치되어 있습니다." 질레스 벨로일의 말이다. "그러면서도 반드시 시각적인 흥미를 유지해야 했기 때문에 디자인하는 데 그다지 수월하지는 않았습니다. 하지만 그래도 괜찮은 도전이었습니다. 특히 적절한 테이블보의 색깔을 고르는 게 아주 어려웠죠!"

이 오두막은 션, 레베카 그리고 라일라의 집이자 지구 자기장의 급속한 변동이나 최근 북아메리카에서 발견된 바이킹 유적 등 온갖 이상 현상들을 조사하는 본거지다.

레베카 크레인과 션 헤이스팅스

오랫동안 서로 협력하다가 이제 커플이 된 암살자들이다. 두 사람은 레일라가 애니머스를 작동시켜 에이보르의 기억 시뮬레이션을 경험하는 걸 돕는다. "레베카는 전작들에서 보여주었던 모습을 유지하고 싶었습니다." 김예림의 말이다. "이건 좀 재미있는 얘기인데, 레베카가 쓰고 있는 비니는 2019 유비소프트 몬트리올 크리스마스 파티에서 나눠주었던 비니랑 똑같은 색깔이에요!"

김예림은 션의 디자인 변경에 대해서도 설명해주었다. "시간이 몇 년쯤 흘렀으므로 션에게도 흰머리를 좀 더해주었습니다. 하지만 션의 자신감은 여전하죠."

레일라 핫산

이 천재 암살자 엔지니어 역시 전작들과는 사뭇 다른 모습을 하고 있다. 자신의 유전 기억을 읽고 투사할 수 있는 복잡한 기계인 애니머스를 계속 사용하면서 얼굴에 상당한 노화가 진행된 모습이 눈에 띈다. "눈 주위에는 다크 서클을 주고 다 낡은 잠바를 입혀서 피곤한 느낌을 부여했습니다." 김예림의 말이다.

양쪽 김예림

10장

신비의 세계와
첫 번째 문명

아스가르드

"상상의 세계인 아스가르드의 풍경을 작업하는 건 정말 창의적이고 즐거운 작업이었습니다. 이곳은 저희 팀이 최초로 제작한 〈어쌔신 크리드〉 시리즈 속 신비의 세계 중 하나죠." 라파엘 라코스테의 말이다. "이 정도로 대규모의 세계를 실제로 구현하는 것은 제작팀에게도 상당한 도전이었습니다." 라코스테와 다른 아티스트들은 콘셉트 아트를 통해 거대한 세계수 위그드라실과 오딘의 전당 등의 건물이 섬 중앙에서 자연스럽게 얽혀 있는 모습을 최우선 사항으로 설정했다.

"아스가르드를 SF에서 등장할 법한 세계로 만들고 싶지는 않았습니다. 그보다는 꿈나라에 더 가깝게 만들려 했죠." 동루 유의 말이다. "현실적인 요소들과 왜곡된 시점을 통해 마치 다른 세계에 온 것만 같은 느낌을 자아냈습니다…."

"아스가르드를 주제로 제가 마지막으로 그린 콘셉트 아트입니다. 비프로스트 다리의 최종 디자인과 세계수 그리고 전반적인 분위기를 잘 보여주죠." —질레스 벨로일

170~171쪽, 왼쪽, 오른쪽 아래 **질레스 벨로일**　오른쪽 위 **동루 유**

에시르 신들의 고향

아스가르드라는 신비한 세계를 꾸미고자 다양한 소품들이 디자인되었다. 이 작업에는 단순한 미학뿐만 아니라 게임 플레이도 함께 검토되었다. "각종 물품에 황금색과 빨간색 재질을 사용해서 색상을 강조했습니다." 동루 유의 말이다.

이쪽 **동루 유**

오딘

노르드 신들의 왕 오딘은 에이보르의 눈앞에 나타나 신비한 세계들을 동행한다. "오딘의 디자인은 고대 신화에서 묘사된 원전의 모습을 본딴 것입니다." 김예림의 말이다. "품이 큰 룬 장식 망토를 걸친 애꾸눈 노인이죠."

김예림

"발할라 전장의 모습입니다. 지평선 너머로 세계수의 윤곽선을 비추어 고립감을 만들어냈습니다. 여기서 중요하게 고려했던 점은 다양한 재질별로 주어지는 역광이었는데, 각 재질마다 빛을 반사하는 모습이 다르기 때문입니다. 또한 태양에 눈부신 효과를 주면서도 관전자가 현재 벌어지고 있는 사건을 자세히 볼 수 있도록 만들고 싶었습니다." — 질레스 벨로일

발할라

발할라는 오딘이 통치하는 아스가르드의
웅장한 전당이다. "건물에 황금색과 빨간색
을 더해 강조 효과를 주고 싶었으며, 후광으
로 비쳐 들어오는 햇빛은 이 장소에 압도적
인 공간감과 성스러운 느낌을 부여합니다."
동루 유의 말이다.

위와 오른쪽 아래 **동루 유**
왼쪽 아래 **질레스 벨로일**

"발할라의 입구에서 오딘의 망자 전사들이 미친 듯이 말을 달려 성스러운 전장으로 향하는 모습입니다." — 동루 유

요툰하임

거인들의 땅 요툰헤임은 눈과 바위로
뒤덮인 험지다. 신비로운 세계수 위
그드라실의 뒤틀린 뿌리는 이 웅장
한 설원 곳곳으로 뻗어 있다.

뿔 잔의 구상

트림의 제단 콘셉트 아트

"제작팀이 빠르게 그려냈던 초기 스케치 몇 장입니다. 위그드라실로부터 지혜의 물이 샘솟는 미미르의 우물을 디자인하는 데 도움이 되었죠. 미미르는 아스가르드에서 가장 현명한 사내들 중 한 명인데, 오딘은 미미르의 몸을 없애고 말하는 머리만 남겨놓습니다."

— 에디 베넌

왼쪽 위와 중간 **필립 바르바노프** 왼쪽 아래 **이그나트 코미토프** 위 **이그나트 코미토프** 아래 **필립 바르바노프**

"요툰헤임은 아름답고 추운 환경과 위그드라실의 거대한 뿌리가 웅장한 산들을 휘감은 몽환적인 풍경을 잘 드러내 보여줍니다. 여기서 플레이어는 고대 서리 거인 문명의 수도인 우트가로아도 방문하게 됩니다."

왼쪽 **콘스탄틴 코스타디노프** 오른쪽 위와 아래 **에디 베넌**

앙그르보다의 집

앙그르보다는 강력한 마녀이자 헬, 펜리르 그리고
요르문간드 같은 괴물들의 어머니다. "앙그르보다의 집
디자인 과정에서는 그 주인의 성격을 드러낼 뿐만
아니라 무쇠숲과 위그드라실의 뿌리에서도
없어서는 안 될 일부처럼
보이도록 만들고자
했습니다." 에디
베넌의 말이다.

건설자

아스가르드의 건설자는 전설적인 존재이자 고대 서리 거인 종족의 고유하고 위대한 영웅이다. "신장만 4.5m에 달하는 이 강력하고 무시무시한 보스와의 조우는 플레이어의 기억 속에 길이 남을 순간이 될 겁니다."
베닌의 말이다.

대니얼 아타나소프

스톤헨지 지하에 숨겨진 첫 번째 문명의 금고 콘셉트 아트.
이곳에서 플레이어는 전설의 무기를 발견하게 된다.

첫 번째 문명의 금고

"이수, 즉 첫 번째 문명의 구조물 디자인은 〈어쌔신 크리드〉 시리즈 전체에 걸쳐 일관된 시각적 방향성을 유지해왔습니다." 라파엘 라코스테의 말이다. 마치 하나의 암석과도 같은 이 구조물에는 제한적인 직선과 흑요석을 연상시키는 재질 그리고 영적인 빛이 새겨진 사암 등이 사용되었다. "덕분에 상상의 세계이면서 신비한 고대 문명이라는 느낌을 그대로 유지하는 데 도움이 되었습니다." 라코스테의 말이다.

왼쪽 다이애나 칼루지나 **위와 아래 동루 유**

8세기 당시 위그드라실이 꽁꽁 얼어붙었을 때 이 동굴이 어떤 모습이었는지 보여주는 콘셉트 아트

이수의 슈퍼 컴퓨터, 위그드라실

"위그드라실의 콘셉트 아트는 디자인팀이 이 슈퍼 컴퓨터의 전반적인 모습을 설정하고 거대한 규모를 랜더링하는 데 도움이 되었습니다."
— 질레스 벨로일

"현재의 시간선에서 동굴의 모습을 보여주는 콘셉트 아트입니다. 이곳은 거대 슈퍼 컴퓨터에 의해 과열되고 맙니다. 첫 번째 문명의 고대 구조물은 돌이 갈라진 틈으로 열과 스파크를 내뿜습니다."
— 동루 유

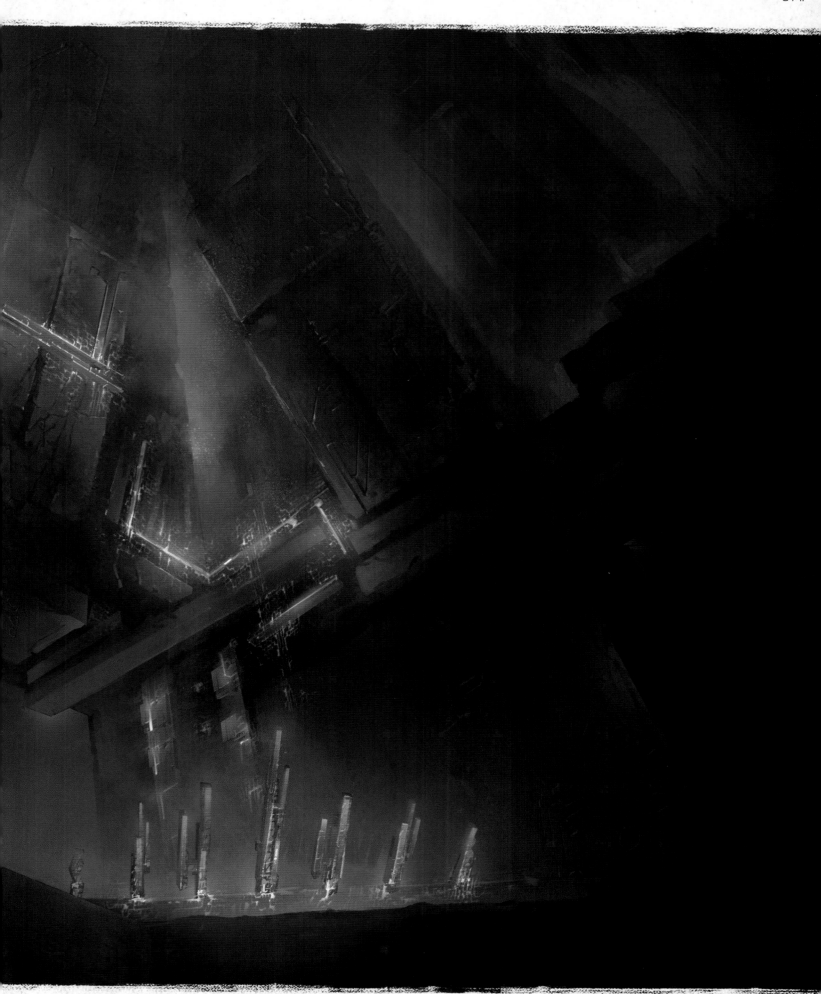

크리에이티브팀은 현재 시대의 줄거리를 짜면서 지금껏 10년 이상 이어져온 〈어쌔신 크리드〉 시리즈에서 아직 밝혀지지 않은 수수께끼와 전작들의 줄거리를 아주 세심하게 엮어냈다. "과연 이 10년에 달하는 스토리를 어떻게 풀어낼지, 또 그런 스토리에 어울릴 만한 결론을 어떻게 마무리할지 심사숙고했습니다." 내러티브 디렉터 다비 맥데빗의 말이다. "그중 수많은 이야기가 바로 이곳, 기이한 이수의 사원으로 이어집니다…. 팬들도 이 모든 이야기가 한데 뭉쳐지는 전개를 보고 아주 기뻐할 것이라고 생각합니다."

유비소프트 몬트리올

브랜드 아트 디렉터 & 시니어 콘셉트 아티스트 **라파엘 라코스테(RAPHAEL LACOSTE)**

콘셉트 아티스트 **동루 유(DONGLU YU)**

질레스 벨로일(GILLES BELOEIL)

김예림(YELIM KIM)

피에르 라베노(PIERRE RAVENEAU)

렘코 트루스트(REMKO TROOST)

마틴 데샴볼트(MARTIN DESCHAMBAULT)

제프 심슨(JEFF SIMPSON)

에벤 멜 아문센(EVEN MEHL AMUNDSEN)

역사가 겸 일러스트레이터 장 클로드 골뱅(JEAN-CLAUDE GOLVIN)

유비소프트 싱가포르

아트 디렉터 **댄 요 충 얍(DANN YEAU CHOONG YAP)**

어소시에이트 아트 디렉터 **프랑코 페레즈(FRANCO PEREZ)**

시니어 콘셉트 아티스트 **광 유 탄(GUANG YU TAN)**

아웃소스 콘셉트 아티스트 **나타샤 탄(NATASHA TAN)**

토니 조 슈(TONY ZHOU SHUO)

유비소프트 청두

리드 아티스트 **선 유(SUN YU)**

콘셉트 아티스트 **가브리엘 탠(GABRIEL TAN)**

웨이 웨이(WEI WEI)

트래비스 추 지웨이(TRAVIS QIU ZHIWEI)

유비소프트 필리핀

아트 디렉터 **존 폴 엘리 탠(JOHN PAUL ELI TAN)**

콘셉트 아티스트 **테이 바르톨로메(TEY BARTOLOME)**

호세 마리아 로렌조 고모스 2세(JOSE MARIA LORENZO GOMOS II)

유비소프트 소피아

시니어 아트 디렉터 **에디 베넌(EDDIE BENNUN)**

어소시에이트 아트 디렉터 **니콜라 스토야노프(NIKOLA STOYANOV)**

시니어 콘셉트 아티스트 **대니얼 아타나소프(DANIEL ATANASOV)**

사빈 보이키노프(SAVIN BOYKINOV)

다이애나 칼루지나(DIANA KALUGINA)

콘스탄틴 코스타디노프(KONSTANTIN KOSTADINOV)

콘셉트 아티스트 **이그나트 코미토프(IGNAT KOMITOV)**
필립 바르바노프(PHILIP VARBANOV)

유비소프트 트랜스미디어 팀 - 캐나다
브랜드 콘텐츠 디렉터 **아이마르 아자이지아(AYMAR AZAÏZIA)**
브랜드 프로젝트 매니저 **앙투안 세스진스키(ANTOINE CESZYNSKI)**
파티하 첼랄리(FATIHA CHELLALI)

고마운 분들
블라디미르 에스칸드리(VLADIMIR ESKANDRI), 세바스티엥 프리모(SEBASTIEN PRIMEAU),
미첼 티볼트(MICHEL THIBAULT), 버지니 싱크마스(VIRGINIE CINQ-MARS), 아쉬라프
이스마일(ASHRAF ISMAIL), 다비 맥데빗(DARBY MCDEVITT), 앨레인 머시에카(ALAIN MERCIECA),
홀리 화(HOLLY HUA), 유수프 마기드(YOUSSEF MAGUID), 줄리엔 파브레(JULIEN FABRE),
캐럴라인 라마시(CAROLINE LAMACHE), 앤서니 마칸토니오(ANTHONY MARCANTONIO),
저스틴 빌뇌브(JUSTINE VILLENEUVE)

표지 이미지 **헬릭스 몬트리올(HELIX MONTRÉAL)** & **김예림(YELIM KIM)**
프레젠테이션 및 표지 디자인 **니콜라스 리바드(NICOLAS RIVARD)**
위 **마틴 데샴볼트(MARTIN DESCHAMBAULT)**